AF416164

La Mina

"El filón interminable"

José Portuguez

Edición Las Hermanas Argueta (L.H.A.)

LA MINA

Índice

NOTA DEL AUTOR

Cuando leí La compuerta número 12 de Baldomero Lillo, me atrapó totalmente. A partir de ese momento se desarrolló en mí un interés particular por el tema de las minas de carbón de hulla. Las imágenes comenzaron a brotar de mi imaginación gracias a las descripciones realizadas por el autor:

"las cortantes aristas del carbón volaban con fuerza, hiriéndole el rostro, el cuello y el pecho desnudo. Hilos de sangre mezclábanse al copioso sudor que inundaba su cuerpo, que penetraba como una cuña en la brecha abierta, ensanchándose con el afán del presidiario que horada el muro que lo oprime; pero sin la esperanza que alienta y fortalece al prisionero; hallar al fin de la jornada una vida nueva, llena de sol, de aire y de libertad..."

Esa inspiración se convirtió en la primera versión de un texto dramático que reflejaba básicamente el argumento del cuento, pero como ya se había instalado en mí la inquietud de una idea mucho más compleja, tuve que dar paso a la búsqueda de una propuesta diferente. El cuento de Baldomero Lillo no solo retrataba dramáticamente las condiciones del trabajo infantil, sino que en sí misma, la historia tenía los elementos básicos que se requerían para la creación de una obra dramática con la virtualidad teatral requerida.

Lo que investigué acerca del tema me brindó una nueva perspectiva, ya que la explotación minera del carbón de hulla data de mucho tiempo atrás. Por ejemplo, para finales del siglo II después de Cristo, los romanos explotaban grandes extensiones de territorio en los que yacían campos de carbón, repitiéndose esta mecánica a lo largo de la historia.

En casi todas las partes del mundo exceptuando la Antártida, se llevó a cabo la explotación del carbón de hulla que se continúa hasta nuestros días, a pico y pala, o con la utilización de maquinaria en excavaciones a cielo abierto de los mantos de carbón.

La Mina, tiene varias aristas que recorren su estructura dramática, tratando la problemática desde el sufrimiento vivencial y constante de las personas, principalmente las mujeres, que como mujeres y madres vivían el caos que producía el dolor y la deshumanización, producto de la explotación minera. Muchos niños, representados por Pablo, debieron desarrollarse en un mundo que giraba en torno a la actividad minera. El joven Pablo a la edad de 8 años es llevado por su padre a trabajar en la Mina, en condiciones casi infrahumanas a causa de la necesidad y la pobreza, enfrentándose al peligro constante que les traía desde el inframundo los susurros de la muerte.

PABLO: Así entré yo. Cuando murió del hijo de José.
BALDOMERO: Si lo recuerdo como si fuera hoy, pasaron frente a la tienda donde yo estaba. Quise detener a tu padre... Pero no había razón que valiera.
PABLO: Así fue... ¿Y qué más podía yo hacer? Aprender o morir… No había otra opción.

De esta forma, los personajes deben enfrentar su destino, su día a día, cada quien tratando de sobrevivir, en un mundo en donde la Mina de carbón es ama y señora. Omnipotente y todopoderosa.

Esta obra es un homenaje a todas las personas que durante la historia, le entregaron a las minas su trabajo y su vida.

José Portuguez
Heredia. San Miguel de Santo Domingo.
Octubre, 2020.

Dedicatoria

A mis estudiantes del Conservatorio de Castella que participaron en la teatralización de las dos propuestas anteriores de *La Mina* que escribí para sus graduaciones de Bachillerato Artístico-Teatro.
La primera propuesta bajo el nombre de *La compuerta número 12*, en el año 2009:

Jeremy Chaves
Montserrat Herrera
Leonardo Santamaría
María José Rojas
Fernando Vilches
Nicole Brenes
Valeria Vindas
Elizabeth Quirós
Kristell Jiménez
Katherine Rodríguez

La segunda versión con el nombre de Mina y muerte, en el año 2015:

Melissa Castillo
Marco Fernández
Catarina Campos
Joshua Arroyo
Ana Lucía Badilla
Steven Chávez
Sofía Rojas
José Daniel Gómez
Raquel Meléndez
Joseph Morales
Ariel Porras

A todas ellas y ellos, les deseo éxito en sus vidas y que nunca olviden seguir soñando, requisito indispensable para que la vida nunca deje de brillar en sus corazones.

"El subdesarrollo de América Latina proviene del desarrollo ajeno y continúa alimentándolo."

Eduardo Galeano

"Y yo pregunto a los economistas políticos, a los moralistas, si han calculado el número de individuos que es necesario condenar a la miseria, al trabajo desproporcionado, a la desmoralización, a la infancia, a la ignorancia crapulosa, a la desgracia invencible, a la penuria absoluta, para producir un rico."

Almeida Garrett

PERSONAJES

AIRÓN Y MORS, personajes simbólicos, representan la mina y la muerte.

BALDOMERO, narrador.

EL MINERO, trabajador de la mina y padre de Pablito.

PABLO, hijo del Minero, 16 años cuando narra la historia.

PABLITO: Pablo de 8 años cuando ingresa a la mina.

CAPATAZ, capataz de la mina.

JUAN, trabajador de la mina y asistente del Capataz.

JOSÉ EL CARRETILLERO, carretillero de la mina.

JOSÉ, niño muerto, hijo de José el carretillero.

MADRE DE PABLO, madre de Pablito y esposa del Minero.

TÍA, hermana de la Madre de José.

MADRE DE JOSÉ, esposa de José el carretillero, madre de José.

VECINAS Y MUJERES DEL PUEBLO.

MINEROS.

LA MINA

LA ESCENA

EL AMBIENTE DONDE SE UBICA EL PÚBLICO SE HA CONVERTIDO EN UNA EXTENSIÓN DE LA ESCENA-DE LA MINA, FORMANDO PARTE INTRÍNSECA DE LA MISMA.
AUNQUE LA PUESTA EN ESCENA NO REQUIERE NECESARIAMENTE DE REALISMO, SE SUGIERE QUE SE INCORPOREN LOS ELEMENTOS BÁSICOS DEL AMBIENTE MINERO COMO UNA FORMA DE RECREAR AQUEL MUNDO SUBTERRÁNEO Y FANTASMAGÓRICO DENTRO DE LA PROPUESTA ESCENOGRÁFICA.

PROEMIO

AL ENTRAR LOS ESPECTADORES ALGUNOS MINEROS LES GUÍANALUMBRÁNDOLES EL CAMINO HACIA LOS ASIENTOS CON LÁMPARAS DE LA ÉPOCA, HAY EFECTO DE CAVERNA Y SUSPENSO. DESDE LA PENUMBRA SE PUEDE OBSERVAR COMO AIRÓN Y MORS EMERGEN LENTAMENTE DE LAS PAREDES, COMO SI ESTUVIERAN ADHERIDOS A ELLAS. AL SENTIRSE LIBRES DANZAN FUERTEMENTE, COMO SI LA PRESENCIA DEL PÚBLICO LES PROVOCARA UNA ALEGRÍA LLENA DE INQUIETANTE Y DESCONTROLADA ANSIEDAD.

PRÓLOGO

ESTAMPA DE LA MUERTE DEL MINERO

EN LA OSCURIDAD SE OYE UN CORO DE NIÑOS TRABAJADORES DE LAS MINAS QUE CANTAN LA CANCIÓN ORIGINAL DE "LOS CONDENADITOS" Y LUEGO SE VEN PROYECTADOS EN UNA PANTALLA. AL LADO IZQUIERDO DEL PROSCENIO SE OBSERVA LA MORTAJA DEL MINERO EN UNA CAMILLA DE MADERA CON EL ROSTRO DESCUBIERTO. SU MUJER, ESTÁ SENTADA FRENTE A ÉL Y A SU ALREDEDOR EL RESTO DE LOS PERSONAJES DE LA OBRA QUE LO MIRAN ESTÁTICOS MIENTRAS SE ESCUCHA LA CANCIÓN.
TODOS ESTÁN AVEJENTADOS, CON LOS SIGNOS DE UNA EDAD MARCADA POR LAS CONDICIONES DEL TRABAJO DIARIO Y LA EXPLOTACIÓN A QUE SE VEN EXPUESTOS EN LAS MINAS DE CARBÓN DE HULLA.
PABLO OBSERVA LA ACCIÓN DESDE EL EXTREMO DERECHO DEL PROSCENIO.
LA ESTAMPA PARECE DETENIDA EN EL TIEMPO MIENTRAS EL VIDEO DEL CORO SE VA DILUYENDO POCO A POCO HASTA QUE SOLO SE ESCUCHA EL AUDIO DE LA CANCIÓN Y SE PROYECTAN EN PANTALLA FOTOS DE MINAS DE DIFERENTES PARTES DEL MUNDO.
SE OBSERVAN MINEROS VIEJOS, JÓVENES, NIÑAS, MUJERES Y NIÑOS HACIENDO TAREAS QUE DENOTAN EL ESFUERZO QUE REALIZAN DIARIAMENTE.
AL TERMINAR LA PROYECCIÓN JUNTO CON LA

CANCIÓN, LA ESCENA CAMBIA DE AMBIENTE, Y BAJO UNA LUZ NEGRA SE ESCUCHA EL EFECTO DE LOS VIENTOS Y EL MAR CHOCANDO CONTRA LAS ROCAS DE LA COSTA.
COMO UN ESPEJISMO, APARECEN AIRÓN Y MORS, PERSONAJES CARGADOS DE UN FUERTE SIMBOLISMO. DENOTAN EN LA EXPRESIVIDAD DE SUS MOVIMIENTOS LA VORAZ E INSASIABLE ACTIVIDAD MINERA, NO TIENEN LÍMITES DE ESPACIO O DE TIEMPO, SE MUEVEN ENTRE EL PÚBLICO, A LO LARGO Y ANCHO DE LA ESCENA. SON DIFERENTES ENTRE SÍ, PERO SE PERCIBE EN ELLOS LA DOBLE CARA DE SU CARÁCTER SIMBIÓTICO, DE TAL MANERA QUE SU ROSTRO POR EL FRENTE ES UNO Y POR DETRÁS SUS CABEZAS LLEVAN LA MÁSCARA DE LA MUERTE. DE PRONTO SE ACERCAN AL MINERO MUERTO PARA OBSERBARLO DETENIDAMENTE.

AIRÓN: Era un buen hombre.
MORS: Sí, lo era.
AIRÓN: Siempre se esforzó mucho.
MORS: Demasiado tal vez…
AIRÓN: Su desesperación lo superó.
MORS: Porque temía envejecer...
AIRÓN: No.
MORS: Por supuesto, ya había pasado los 40.
AIRÓN: Sí, pero su orgullo lo mantenía en pie, su temor era desfallecer frente a la roca y morir.
MORS: Su cuerpo había dejado de servir para el trabajo.

DISCUTEN.

AIRÓN: Tenía familia que alimentar.
MORS: Todos tienen a alguien que alimentar.
AIRÓN: ¡Lo matamos!

MORS: ¿Y qué?
AIRÓN: Pudo vivir un poco más...
MORS: ¿Y cuál es la diferencia?

SILENCIO.

AIRÓN: Es cierto.
MORS: Nunca logró ver la luz...
AIRÓN: Su alma quedará en la profundidad del pozo...

PAUSA. SE LE ACERCA AL CUERPO PARA OLERLO.

MORS: Así es la muerte, un sueño permanente.
AIRÓN: ¡Qué extraño!, no recuerdo su nombre.
MORS: Era el minero.
AIRÓN: Pero su nombre, debía tener un nombre, todos tienen un nombre.
MORS: ¿Y de qué sirve, si cuando pasa el tiempo lo que importa es el número y el trabajo en la mina?
AIRÓN: Cierto, eso es lo que importa, son mineros, para qué nombres si tienen números.
MORS: Entró al inframundo...
AIRÓN: Y murió.
MORS: Como tenía que suceder.

RESPIRANDO PROFUNDAMENTE.

MORS: Se enfermó, lo pude sentir cuando comenzó el declive...
AIRÓN: Sus pulmones no eran para la mina.
MORS: Puedo sentirlo desde aquí, dentro de su raída mortaja.

CON RISA ALEGÓRICA.

AIRÓN: Lo cubrí con la noche.
MORS: Su dolor en mi caverna mantenía vivo el sufrimiento de

los que pasan por aquí.
AIRÓN: Como sucederá con su hijo dentro de un tiempo.
MORS: Cierto.
AIRÓN: Pobre Pablo.
MORS: ¡Ese es su nombre...! ¿Cómo lo sabes?
AIRÓN: Lo sentí cuando el Minero lo llamaba cada vez que el dolor lo hacía hincarse frente a la roca.

TOMANDO UNA GRAN BOCANADA DE AIRE.

MORS: Era como un grito que se ahogaba en el silencio.
AIRÓN: Que se moría en el silencio.
 MORS: Ahora tendrán que sustituirlo. Muchos otros están esperando.
AIRÓN: Así debe ser, cuando muere uno otro debe de llegar. El equilibrio se mantiene.
MORS: Todos lucharán por un puesto. Esta gente no abandona fácilmente...
AIRÓN: No pueden. Serían desplazados por los más fuertes.
MORS: ¡Mentiroso!
AIRÓN: Esa es su condición...
MORS: ¡Mentira! ¡Mentira!

IGNORANDO A MORS.

¡Dilo de una vez!
AIRÓN: ¿Qué quieres que diga?
MORS: ¡Ya sabes qué!
AIRÓN: No quiero.
MORS: ¡Farisaico!
AIRÓN: El hambre. ¡Es el hambre! ¿Satisfecho? ¿Eso es lo que querías oír?
MORS: Te molesta porque suena feo.
AIRÓN: No es eso...
MORS: ¿Ah no?

AIRÓN: No. No sé por qué te gusta llevarme la contraria...
MORS: Hipócrita. Ya sabemos cuál es su problema.
AIRÓN: ¿No es el hambre una necesidad también?
MORS: Tal vez... Pero eso no nos importa, y tampoco a los dueños.
AIRÓN: Son despiadados.

RÍE.

MORS: Como nosotros.

TAMBIÉN RÍE.

AIRÓN: Es cierto.
MORS: ¡No te oigo!

AIRÓN LE DA LA ESPADA PARA QUE MORS NO LO VEA Y HABLA MÁS FUERTE.

AIRÓN: ¡Que es cierto!
MORS: Lo ves. Nada te cuesta.
AIRÓN: No, en realidad no me cuesta...
MORS: Entonces ¿por qué insistes en hacerte el loco?
AIRÓN: Porque me cansa que siempre tengamos que estar de acuerdo.
MORS: Pero acabas de decir que siempre te llevaba la contraria...
AIRÓN: Mira... Es cierto.

ASOMBRADO CON LA ACTITUD DE AIRÓN.

MORS: ¡Qué!
AIRÓN: Es aburrido.

CAMBIANDO REPENTINAMENTE DE ACTITUD.

Además, repetirlo me da risa.

MORS: No podemos tener piedad...

AIRÓN: Por supuesto que no...

MORS: Nos convertiríamos en sombras que languidecen sin vida ni propósito en las profundidades de esta mina.

AIRÓN: No pasará. Somos Airón y Mors, los dueños de las profundidades, vivimos para la muerte. Con ella la vida fluye como la veta, hacia lo más profundo...

EXHALA CON SATISFACCIÓN.

MORS: Continúa...

AIRÓN: Mientras se escucha en las cavernas el sonido del mar sobre las rompientes de la costa, como el susurro de una madre acariciando a su hijo.

MORS: Ja, ja, ja... ¡Qué tontera es esa!

AIRÓN: ¡Como Pablo!

RESPIRA.

MORS: ¡Ah sí, Pablo!

AIRÓN: Exactamente.

LOS DOS RESPIRAN PROFUNDAMENTE Y SUS PALA-BRAS RECREAN LA RELACIÓN PARADÓGICA DE SU VIDA.

AIRÓN: Lindo nombre.

MORS: Dentro de poco ya no lo tendrá más...

AIRÓN: Lo olvidará como les sucede a todos los mineros.

MORS: Tendrá un número como todos.

AIRÓN: Que lástima…

MORS SE RÍE EXTRAÑAMENTE.

MORS: Mentira. Otra vez mientes.

AIRÓN RÍE.

Siempre que llega un niño, dices lo mismo.

VUELVE A REÍR.

AIRÓN: Es cierto.
MORS: ¿Por qué lo haces?
AIRÓN: No lo sé.
MORS: Mentira...
AIRÓN: ¿Y qué? Es una pobre gente…
MORS: ¡Mentira!
AIRÓN: ¡Por supuesto!

AIRÓN VUELVE A VER SARCÁSTICAMENTE A MORS.

Es nuestra naturaleza.

RESPIRAN PROFUNDO. SUS CARAS BRILLAN.

MORS: Un día de estos me vas a matar...
AIRÓN: ¿En serio?

SILENCIO.

MORS: No.

DE PRONTO SE VUELVEN A VER Y RÍEN. SE ACER-
CAN AL MINERO Y OBSERBAN A TODOS.

AIRÓN: Vamos, que despidan la vida con su rezo de muerte.
MORS: Aquí ya no somos necesarios.

AIRÓN: La ley se cumple en el orden establecido.
MORS: Pero todavía nos falta mucho por hacer.

SÚBITAMENTE CORREN POR EL PÚBLICO ENFREN-
TÁNDOLO CON CIERTA IRREVERENCIA, CUANDO
REGRESAN A PROSCENIO, TRAEN PUESTA UNA GA-
BARDINA NEGRA QUE HACE PENSAR EN AQUELLOS
GÁNSTER EMISARIOS DE LA MUERTE. CAMBIAN DE
ACTITUD Y QUEDAN DE PIE EN EL CENTRO DE LA
ESCENA, INMÓVILES JUNTO A LOS DEMÁS PERSO-
NAJES, LUEGO ACOMPAÑAN EL CORTEJO. SUS CA-
RAS BRILLAN CON AIRE DE SATISFACCIÓN.
CUANDO LEVANTAN EL CUERPO E INICIA EL COR-
TEJO SE OYE EL SONIDO DE UN CAJÓN PERUANO
QUE LLEVA EL RITMO MIENTRAS LOS PERSONA-
JES CANTAN A CAPELLA "LA VASIJA DE BARRO" Y
SALEN EN PROCESIÓN POR EL PÚBLICO. PABLO SE
QUEDA DE ÚLTIMO, PENSATIVO, MIRANDO AL GRU-
PO, DE PRONTO DECIDE SALIR TRAS EL CORTEJO...

BALDOMERO: ¡Pablo!
PABLO: Sí don Baldomero.
BALDOMERO: Siento mucho la pérdida de tu padre.
PABLO: Gracias don Baldomero.
BALDOMERO: Estaba joven todavía. Al parecer la promesa
de muerte se cumple a partir de los 40.
PABLO: Así es, pocos logran seguir en las minas soportando
el hollín, ser barretero debilita a cualquiera y su cuerpo no era
para este trabajo.
BALDOMERO: Es cierto, hasta el más fuerte es incapaz de
soportar ese maldito carbón por mucho tiempo.
PABLO: No, no se puede, es como llevar a cuestas una cruz que
nos recuerda nuestro destino.
BALDOMERO: Tu madre siempre le pidió a tu padre que de-
jara la mina, pero no hubo manera.

PABLO: Así es, él sabía que ya no era el mismo de antes y sin embargo luchaba con todas sus fuerzas.
BALDOMERO: Parecía inevitable como todo por aquí...
PABLO: Al menos ya descansó.
BALDOMERO: Entonces, ¿qué vas a hacer?
PABLO: ¿A qué se refiere?
BALDOMERO: A la mina... Nunca te gustó, y sin embargo aquí estás.
PABLO: Es cierto. Pero papá estaba ahí, rompiendo el muro por nosotros. Y yo tenía que estar junto a él. Me esperaba siempre a la salida de la mina para regresar juntos a la casa, aunque nunca lo dijera, necesitaba mi presencia.
BALDOMERO: Claro... Además, el dinero les hacía mucha falta. Entonces tu padre te llevó a trabajar cuando murió el hijo de José.
PABLO: Así es, entré a ocupar su lugar. Lo supe mucho tiempo después, mi madre me lo dijo cuando cumplí los 12 años, que era la edad que él tenía cuando murió.
BALDOMERO: Lo recuerdo como si fuera hoy, al día siguiente de su muerte, pasaste con tu padre frente a la tienda donde yo estaba trabajando, me detuve a mirarlos, y en ese momento temí lo peor, pero aquí estás.
PABLO: Pienso que mi padre se quiso arrepentir... Lo sé porque a veces me parecía ver una sombra detrás de los muros de la roca en la galería donde yo estaba. Al principio no sabía qué era lo que se movía en la penumbra, era extraño, parecía un bulto recogido contra la pared en aquella oscuridad llena de reflejos. Pero un día dijeron su número y la silueta desapareció moviéndose erráticamente entre las sombras. Entonces comprendí que mi padre venía a vigilarme, a confirmar que estaba bien y podía con la tarea. ¿Y qué más podía yo hacer? Aprender o morir... No había otra opción. Regresar a casa con mi madre, cada día al final de la faena, me mantenía en pie.

SE PRODUCE UN PEQUEÑO SILENCIO.

Murió con orgullo.

BALDOMERO: Ese maldito orgullo, no sé porque se aferran a él para morir después.
PABLO: Yo me alegro por él, aunque se me parta el corazón decirlo.
BALDOMERO: ¿A quién no? ¿Y tu madre, cómo está?
PABLO: No sé…

PEQUEÑA PAUSA, SE LE NOTA PREOCUPADO.

La noto extraña, debe ser un gran vacío el que se siente…, después de acompañarse y luchar juntos por tanto tiempo en este lugar...
BALDOMERO: Debió sufrir mucho.
PABLO: Y en silencio…
BALDOMERO: Como todas las mujeres de este pueblo.
PABLO: Es curioso…, ahora que lo pienso, creo que mi madre por fin va a descansar…
BALDOMERO: ¡Ay muchacho, ahora sí que no lo entiendo!
PABLO: Es que usted nunca la vio cuando se quedaba mirándonos al salir rumbo a la mina, yo me volvía para verla de reojo como en una despedida silenciosa, y siempre estaba ahí, de pie, al borde de la entrada, acompañándonos con su mirada hasta que nos perdíamos al bajar la cuesta.
BALDOMERO: Increíble. ¡Qué sufrimiento debía sentir!
PABLO: ¿Lo entiende ahora?
BALDOMERO: Como si fuera un ritual de despedida.
PABLO: Así es... Bueno, adiós don Baldomero.
BALDOMERO: Hasta pronto muchacho.

PABLO SONRÍE MALICIOSAMENTE.

PABLO: No lo creo don Baldomero.

SALE.
BALDOMERO, MUY INTRIGADO, SE QUEDA VIÉN-
DOLO SALIR Y SE PRODUCE UN APAGÓN.

FLASHBACK

BALDOMERO RECUERDA LOS TIEMPOS DE LA MINA. SE VE LA MINA EN TODA SU MAGNITUD Y LA MIS-TERIOSA FORMA QUE RECREAN LOS PASILLOS EN-TRE LAS BIFURCACIONES QUE SE PIERDEN A LA VISTA. SE VEN MADEROS Y RIELES, SE ESCUCHAN DESDE EL INTERIOR EFECTOS DE SONIDO. EN EL CICLORAMA SE OBSERVA EL REFLEJO DE LAS SOM-BRAS PRODUCIDO POR LOS CANDILES QUE CUEL-GAN DE LAS PAREDES. BALDOMERO PARECE RE-CORDAR AQUELLOS MOMENTOS EN QUE VIVIÓ EN EL PUEBLO CUANDO ERA DEPENDIENTE EN UNA TIENDA DE LA COMUNA. ESCRIBE A UN COSTADO DE LA ESCENA DETRÁS DE UN PEQUEÑO ESCRITO-RIO A LA LUZ DE UN CANDIL. VISTE DE MANERA SENCILLA: SACO, CORBATÍN Y CHALECO AL ESTILO DE LA ÉPOCA. DE PRONTO SE DIRIGE AL PÚBLICO.

BALDOMERO: Soy Baldomero Lillo, y quiero contarles una historia que tuvo lugar por el año de 1900, aunque tal vez la fecha no sea de importancia para muchos, ya que con el tiempo las cosas se olvidan y llegan incluso a perderse de la memoria colectiva.

BALDOMERO VA SUBIENDO PAULATINAMENTE EL TONO HASTA QUE SE PRODUCE EL FLASHBACK.

Pero hoy, nos daremos la libertad de recordar a los mineros, aquellos obreros y campesinos pobres que lucharon sin descanso contra un destino que enterraba sus sueños, al internarse bajo tierra 14 horas o más, para obtener el sustento diario desde las profundidades, arrastrándose como reptiles sangrantes entre las aristas de las rocas, en túneles oscuros e insalubres que presagiaban su muerte…

SONIDO MUY AGUDO SEGUIDO DE UNA MÚSICA ESTRIDENTE Y DE FONDO SE OYE UN ESTRUENDO DETRÁS DEL ESCENARIO.

FLASHBACK

MUERE EL HIJO DE JOSÉ EL CARRETILLERO

APARECEN AIRÓN Y MORS, VAN DE UN LADO AL OTRO Y SE ESCUCHAN LOS SUSURROS PROVENIENTES DE LAS CUEVAS HASTA QUE SE PRODUCE UN GRAN SILENCIO SEGUIDO DE UN GRITO LEJANO. "PADRE... PADRE..."
BALDOMERO VUELVE A SU ESCRITURA RÁPIDAMENTE, COMO TRATANDO DE RETENER EL MOMENTO. AIRÓN Y MORS SE SUBEN A LO ALTO DEL ENTARIMADO A OBSERVAR EL ACONTECIMIENTO. LAS VOCES VAN DE UN LADO AL OTRO Y EN CRESCENDO.

VOZ 1: ¿Qué pasó?
VOZ 2: ¡Sí! ¿Qué fue?
VOZ 3: ¡Hubo un accidente!

SE OYE UN GRAN TUMULTO, LOS MINEROS CORREN Y SE CRUZAN POR EL ESCENARIO MIENTRAS HABLAN.

"Vamos." "Sí, vamos." "Pero... ¿dónde fue?" "Parece que fue

29

abajo." "Pero... ¿dónde?" "Por donde están las compuertas." "Hay que revisar." "Vamos de prisa." "Vamos." "Sí, vamos."

ENTRA EL CAPATAZ Y APARECE JUAN CORRIENDO POR LA ESCENA.

CAPATAZ: ¿Qué es todo este alboroto? ¿Por qué no están donde tienen que estar?
JUAN: ¡Es que hubo un accidente!
CAPATAZ: ¡No puede ser, otro más!
JUAN: ¡Sí señor!

VA A SALIR.

CAPATAZ: Espera. ¿Quién fue esta vez?
JUAN: No sabemos todavía...
CAPATAZ: Pero… ¿Dónde, en cuál sección?
JUAN: Abajo, en las compuertas de ventilación...

SIGUE SU CAMINO.

CAPATAZ: ¡Maldición! ¡Otro accidente en ese maldito lugar!

APARECE EL MINERO, VIENE AGITADÍSIMO.

MINERO: ¡Señor, señor…! Parece que fue en la Compuerta número 12.
CAPATAZ: ¿En la doce? ¡No puede ser!

DE AFUERA SE OYE LA VOZ DE JUAN.

JUAN: ¡Es el hijo de José, el carretillero!
CAPATAZ: ¿Cómo está? ¿Qué le pasó...?

ENTRA AGITADO.

JUAN: Murió. Fue la corrida...

SE PRODUCE UN SILENCIO TOTAL, DE PRONTO SE ECUCHA EL SONIDO AGUDO NUEVAMENTE, SEGUIDO DE UN SUSURRO EXTRAÑO MIENTRAS AIRÓN Y MORS BAJAN CON ENERGÍA Y SE PRECIPITAN ALEGRES HACIA EL INTERIOR DE LA CAVERNA.

CAPATAZ: ¡Qué desgracia, tan joven! ¡A este paso no va a quedar nadie en esta mina!
MINERO: ¿Qué hacemos señor?
CAPATAZ: ¡Sacar el cuerpo de ahí!
MINERO: Sí señor...
CAPATAZ: Avísenle a su padre...
MINERO: Sí señor...

SALEN, PERO EL CAPATAZ GRITA.

CAPATAZ: ¡Espera!

EL MINERO Y JUAN REGRESAN.

Díganle a José que lo espere arriba. Que no baje hasta la galería.
MINERO: Pero señor..., ¡es su padre!
JUAN: Cuando se entere no va a querer subir, querrá estar con el muchacho.
CAPATAZ: Por eso mismo. Ahí abajo está muy oscuro y no sabemos cómo quedó ese muchacho.
JUAN: Lo mejor será no decirle nada hasta que lleguemos a la entrada.
CAPATAZ: Sí, tal vez sea lo mejor.
MINERO: Bajemos entonces, para avisar a los demás.
CAPATAZ: No. Vayan solamente ustedes dos, que nadie más baje...

JUAN: Pero señor…

ENÉRGICO.

CAPATAZ: ¡No quiero otro accidente más el día de hoy!
MINERO y JUAN: Bien señor.

SALEN. CENITAL SOBRE EL CAPATAZ.

CAPATAZ: Otro más, ya no sé cuántos niños han muerto en esta mina...

CAMINA INQUIETO MIRANDO HACIA EL FRENTE.

El hijo de José… Una verdadera pena. Todavía tengo el recuerdo de su cara cuando vino por primera vez, orgulloso como ningún otro de sentirse hombre como su padre, y deseando comenzar en ese mismo instante. No dudé en aceptarlo inmediatamente...

PAUSA. COMO SI EL TIEMPO SE LE VINIERA ENCIMA.

Caramba, nunca le pregunté su nombre, solo sabía que era el hijo de José el carretillero. Un muchacho muy alegre.

PAUSA.

¡Qué suerte perra la de este hombre! El día de hoy, deberá enterrar a su hijo.

MUY INQUIETO.

Lo mejor será no permitirle acercarse a la mina por un tiempo.

UN GOLPE DE MAZO Y YUNQUE LO SACA DE SUS

CAVILACIONES.

Pero bueno… ¡Qué le vamos a hacer! ¡El trabajo manda! ¡Qué carajo! Lo único que tengo que hacer, es cumplir con la tarea. ¡Vamos! ¡A trabajar todos! ¡Hay que cumplir con la tarea! ¡Vamos! ¡Vamos!

SALE. LOS SONIDOS Y EFECTOS DE LA MINA CO-BRAN VIDA CON FUERZA. POR UN EXTREMO DEL FONDO APARECEN EL MINERO Y JUAN CARGAN-DO EL CUERPO DEL HIJO DE JOSÉ. AIRÓN Y MORS EMERGEN POR LAS TRAMPAS DEL PISO, COMO LA ROCA MISMA. CELEBRAN LA MUERTE CON SUS MO-VIMIENTOS. DE PRONTO APARECE JOSÉ POR UN EXTREMO GRITANDO. AIRÓN Y MORS OBSERVAN DESDE LO ALTO DE LA GALERÍA.

JOSÉ EL CARRETILLERO: ¡Nooooo…!

SE LANZA SOBRE ELLOS, EL MINERO LO DETIENE.

¡Quiero verlo!
MINERO: Aquí no, arriba es mejor. Vamos a subirlo.

SOLTÁNDOSE.

JOSÉ EL CARRETILLERO: No… ¡Quiero verlo ahora!

LO TOMA EN SUS BRAZOS.

Muchacho tonto, ¡pero en qué estabas pensando! Después de hacer la misma tarea tantas veces.

A LOS HOMBRES.
¿Cómo pudo suceder?

GUARDAN SILENCIO.

¿Qué le voy a decir a su madre? ¡Su único hijo!

LLORA.

Se le va a deshacer el corazón. Estaba tan orgullosa de él. ¡Era su luz en este mundo!

VUELVE A VER AL MINERO.

Su alegría lo llenaba todo, la esperanza de nuestra vida en este infierno. ¿Qué voy a hacer ahora?

SILENCIO.

Mírenlo, lleno del maldito carbón en su frontera final.

LO DESCUBRE.

Ni siquiera lo reconozco.

APARTÁNDOSE DEL CUERPO.

No puedo verlo así…

A LOS HOMBRES, DESESPERADO.

No, no debe ser él.
MINERO: Pero ¿qué dices?
JOSÉ EL CARRETILLERO: Este no es su rostro, ni ese su cuerpo.
MINERO: Por supuesto José, nosotros mismos bajamos hasta la galería.

A JUAN.

¿Cierto?
JUAN: Sí José. Es tu muchacho... Aunque nos duela decirlo.

COMO PERDIDO.

JOSÉ EL CARRETILLERO: Ese no es él, ¿cómo pueden estar seguros? Tal vez mientras se daba el descanso...
JUAN: No José.
JOSÉ EL CARRETILLERO: Pero ¿por qué no?
JUAN: ¿Quién más iba a estar en la compuerta José?
JOSÉ: No sé, tal vez algún otro...
MINERO: Imposible...
JOSÉ EL CARRETILLERO: ¿Por qué insisten?
JUAN: Porque no es posible que sea otro.
JOSÉ EL CARRETILLERO: ¡Mentira! ¿Por qué lo hacen?
MINERO: ¿Hacer qué?
JOSÉ EL CARRETILLERO: Torturarme de esta manera. Era un niño apenas.
JUAN: Estamos muy dolidos, pero ¿qué podemos hacer?
MINERO: Era uno de nosotros. ¡Un compañero más!
JOSÉ EL CARRETILLERO: Yo no quiero un compañero muerto. ¡Quiero a mi hijo! Ese desecho que llevan ahí, ni su propia madre podría reconocerlo.
MINERO: Sí José. Es muy doloroso. Pero tienes que comprender...

ALZANDO LA VOZ.

JOSÉ EL CARRETILLERO: Mentirosos. ¿Por qué quieren hacerme creer que es él?
JUAN: ¿Cómo?
MINERO: Nunca mentiríamos con semejante situación...

JUAN: Es un golpe muy duro, pero tienes que aceptarlo...

FUERA DE SÍ.

JOSÉ EL CARRETILLERO: ¡Mentira! ¡Mentira!
JUAN: Pero ¿qué estás diciendo José?
JOSÉ EL CARRETILLERO: ¡Que son palabras malditas!
MINERO: Estás confundido.
JOSÉ EL CARRETILLERO: ¡Basta ya!
JUAN: El dolor nos confunde muchas veces.
MINERO: La mina nos juega malas pasadas.
JOSÉ EL CARRETILLERO: Siempre han sentido envidia del muchacho, de su alegría. ¡Fieras…!
JUAN: Ya José. Por favor, tienes que comprender.
MINERO: Todos aquí luchamos contra viento y marea para sobrevivir, esperando lo inevitable. Pero a veces sucede...
JOSÉ EL CARRETILLERO: Maldita sea tu lengua.
MINERO: Un día le toca al vecino, y después a nosotros mismos.

ENFURECIDO.

JOSÉ EL CARRETILLERO: Las maldiciones que salen de la boca son capaces de hacer que la vida de una persona se destruya. Yo nunca les he deseado mal alguno.
MINERO: Tampoco nosotros José.
JOSÉ EL CARRETILLERO: No ven que me muero de dolor.
JUAN: Lo que le sucedió, no hay forma de cambiarlo.
JOSÉ EL CARRETILLERO: Me destruyen al decir eso.
MINERO: Pasó lo inevitable.
JOSÉ EL CARRETILLERO: Voy a buscarlo…
MINERO: ¿Cómo?
JUAN: Es absurdo. ¡Negar a tu hijo muerto!
JOSÉ EL CARRETILLERO: No habrá muro ni roca que no rompan estos brazos con tal de encontrarlo...

MINERO: Pero ¿adónde?

JOSÉ EL CARRETILLERO: Donde sea necesario.

JUAN: Siempre has sido minero, has visto la realidad de la vida que llevamos en este mundo. Sabes bien que cuando el destino se interpone, no hay vuelta atrás.

MINERO: Por lo que más quieras José, tienes que comprender que no hay lugar en esta mina donde puedas encontrar a tu hijo, sino al frente tuyo.

JOSÉ EL CARRETILLERO: Noooo... ¡No es cierto!

VA A SALIR.

JUAN: Espera…

JOSÉ EL CARRETILLERO: No me toquen, invocaré al mismo diablo si es necesario.

MINERO: No lo menciones, no lo menciones, que nos vas a perder a todos.

JOSÉ EL CARRETILLERO: ¿Y qué si fuera cierto? Muchos maldicen todo el tiempo en silencio, tal vez ya es hora de gritarlo a toda voz para que se derrumbe todo esto y nos perdamos todos para siempre.

MINERO: Shhh, no lo digas…

TOTALMENTE FUERA DE SÍ.

JOSÉ EL CARRETILLERO: Lo gritaré hasta que me exploten los pulmones.

JUAN: Lo que dices no tiene ningún sentido.

JOSÉ EL CARRETILLERO: Verán que no es cierto. Traeré al muchacho y nos perderemos de aquí para siempre.

TRATA DE IRSE.

MINERO: No lo hagas...
LO AGARRA, JOSÉ LO LANZA POR EL SUELO.

JOSÉ EL CARRETILLERO: Déjenme.

INSISTEN EN DETENERLO, PERO JOSÉ AGARRA UN MAZO Y GOLPEA UN RIEL AMENAZANTE.

El que intente detenerme, lo mato. Atrás, atrás.

LOS HOMBRES RETROCEDEN, JOSÉ SALE DESESPERADO POR EL FONDO. JUAN VA TRAS ÉL.

JUAN: ¡José! ¡Nada vas a encontrar! ¡José!
MINERO: Dejémoslo. Ya volverá. Tiene que desahogar su dolor. Yo también tengo hijos y la verdad, no sé qué haría si estuviera en su lugar.
JUAN: Entonces mejor vámonos que arriba están esperando el cuerpo del muchacho.
MINERO: Es cierto. Solo espero que a José no le vaya a ocurrir nada malo.
JUAN: Yo no me siento bien con esto
MINERO: Es algo con lo que luchamos todo el tiempo. Pero no es bueno hablar de estas cosas.
JUAN: Pero morir de esa manera...
MINERO: Fue un accidente. Inevitable como tantos otros.
JUAN: Mejor subamos de una vez.
MINERO: Sí, apurémonos.
JUAN: La muerte trae malos pensamientos…
MINERO: Shhh… ¡Silencio! ¡Silencio por favor! No la menciones, ni siquiera en pensamientos.
JUAN: No sé por qué lo dije. Es este maldito lugar.
MINERO: ¡Vamos!

SALEN CON EL CUERPO. AIRÓN Y MORS INICIAN SU FESTÍN.
MORS: ¿Lo viste?

AIRÓN: Sí, como a los otros.
MORS: ¿Qué le habrá pasado?
AIRÓN: Se descuidó.
MORS: No estabas ahí.
AIRÓN: No tenía que estar. El descuido es el paso que lleva a la muerte.
MORS: Entró en el sueño que proporciona la noche.
AIRÓN: Y su alma se precipitó al vacío.
MORS: Pierden la atención y cuando emerge la oscuridad, no les da tiempo para reaccionar.
AIRÓN: Aunque no parecía que fuera descuidado...
MORS: Es cierto, parecía que la mina fuera parte de su vida.
AIRÓN: Su corazón latía más fuerte que el de los otros niños. Sentí su juventud, hermosa como las profundidades del mar.
MORS: Tal vez le sobrevino el miedo…
AIRÓN: No. Tenía ese brillo en los ojos, ese deseo de alimentar la roca con su cuerpo. Pero se dejó llevar, como si cayera en lo profundo de un pozo...
MORS: Su mente no estaba aquí cuando vino la corrida…
AIRÓN: Es posible, a menudo se perdía en sus sueños....
MORS: ¿Por qué? No te entiendo...
AIRÓN: Una vez pude sentir a través de él cómo era la luz del día. Me estremecí en ese momento…
MORS: Lo teníamos atrapado.
AIRÓN: Es una pena que tuviera que morir.

CON AIRE DE GRAN DOLOR.

MORS: ¡Mentira!
AIRÓN: ¡Vivía una ilusión!

SONRIENDO.

MORS: ¿En serio? Bueno, ya no sufrirá.
AIRÓN: Pensé que él iba a ser diferente.

MORS: Solo pensamos que estaba hecho para este trabajo.
AIRÓN: ¡Qué niño puede estarlo, si hasta los hombres más fuertes desfallecen!

SARCÁSTICO.

MORS: Es cierto. Algunos lo han intentado.
AIRÓN: Pero no hay voluntad que lo resista.
MORS: La roca siempre afloja los músculos…

ESTÁN FRENTE A FRENTE, SATISFECHOS, COMO SI SE ESCUPIERAN LAS PALABRAS.

AIRÓN: Y al poco tiempo, se van desmoronando.
MORS: Gritan en silencio.
AIRÓN: Como la hulla de nuestra mina.
MORS: Herida por el diente cuadrangular del pico.
AIRÓN Y MORS: Hacia el filón interminable...

SUENA UN GOLPE METÁLICO, SEGUIDO DEL RUI-DO QUE PRODUCE UN ASCENSOR, SE ESTREMECEN CON ANSIEDAD.

MORS: Ya se lo llevaron.
AIRÓN: Escucharemos los rezos a lo lejos.
MORS: Otro ocupará su lugar.

JOSÉ, EN SU LABERINTO DE MUERTE

APRECE JOSÉ CORRIENDO POR EL FONDO. AIRON Y MORS SE APARTAN Y OBSERVAN.

JOSÉ EL CARRETILLERO: ¿Dónde están?

CORRE BUSCANDO A UN LADO Y OTRO.

¿Adónde se lo llevaron? ¡Malditos! ¡Mil veces malditos!

GOLPEA CON EL MAZO FUERTEMENTE UN YUN-
QUE HASTA DESAHOGAR SU IRA Y CAER AL SUELO.

¿Por qué tenía que ser el niño si ningún daño podía hacerte?
Aquí estoy yo, muerte maldita, con los brazos abiertos para que
me lleves a mí.

ROMPIÉNDOSE LA CAMISA.

Dame la misma suerte, esa con la que me topé muchas veces...
Quiero ser un durmiente más como estos rieles y acompañar a
mi hijo hacia las sombras de esta mina…

SILENCIO.

EN EL SUELO MIRANDO HACIA UN PEQUEÑO RAYO
DE LUZ QUE APENAS ILUMINA SU FRENTE.

Era mi hijo. ¿Para qué castigarlo a él si fui yo el que te lo trajo?

EN LA DESESPERACIÓN SE EMBARRA DE CARBÓN
LA CARA.

¿No fui yo mismo quien lo dejó mansamente en tus entrañas?

REPITE LA ACCIÓN GRITANDO.

Lo natural es que el padre muera antes que el hijo.

MÁS FUERTE.

¿No es así? ¿Contesta?

ARAÑANDO LAS PAREDES.

¡Maldito carbón de hulla! ¡Cómo quisiera despedazarte con mis propias manos para que sientas el mismo dolor que nos causas!

GOLPEA CON FURIA LAS PAREDES DE LA MINA DESMORONÁNDOSE EN LLANTO.

¿Qué esperas? ¡Mátame ya! ¿No has sido todopoderosa? ¿No has tomado de nosotros todo lo que has querido? ¿Qué más te falta?

ENLOQUECIENDO.

Si ya no somos más que despojos en este laberinto.

SILENCIO.

Esta será mi tumba, aquí murió y aquí moriré. Aunque ya lo estén enterrando, su alma vagará en las entrañas de la roca. Cada grieta que se abra será como un grito de su dolor y podré sentirlo cuando el viento a través de ellas deje escapar su aliento. Me alimentaré de él, me convertiré en su compañero de muerte para abrazarlo mientras mis carnes desaparecen, y mis huesos se transformen, adheridos a las paredes, en un remolino de polvo susurrante.

LOS SONIDOS DE LA MINA VAN DESAPARECIENDO MIENTRAS SE COMIENZAN A ESCUCHAR LOS REZOS DEL AVE MARÍA DE LAS MUJERES A LO LEJOS Y LA ACCIÓN VA CAMBIANDO PAULATINAMENTE A LA CASUCHA DONDE VIVEN JOSÉ EL CARRETILLERO Y SU MUJER.
JUAN Y EL MINERO TRAEN EL CUERPO DEL MUCHA-

CHO, LOS ACOMPAÑA EL CAPATAZ. LO COLOCAN SOBRE UNA MESA MIENTRAS LAS MUJERES QUE VE-NÍAN DETRÁS TERMINAN DE REZAR.

ESTAMPA DE LA VELA DEL HIJO DE JOSÉ

MADRE DE PABLO: Porque vivimos para morir.
TÍA Y VECINAS: Y lo que el Señor nos dio hoy, nos lo quita mañana.
MADRE DE PABLO: Que descanse en paz, hoy mañana y siempre.
TÍA Y VECINAS: Hoy mañana y siempre.
MADRE DE PABLO: Así fue y así será.
TÍA Y VECINAS: Jesucristo bendito, hágase tu voluntad…
MADRE DE PABLO: Hágase tu voluntad.
TODAS: Amén.

ENTRA LA MADRE DE JOSÉ. GRITA DESCONSOLA-DA. VA HACIA SU HIJO, LO ABRAZA. LOS REZOS INI-CIAN CON FUERZA. AL CABO DE UN INSTANTE LA EMPRENDE CONTRA EL CAPATAZ.

MADRE DE JOSÉ: ¡Asesinos! ¡Asesinos de niños!

LAS MUJERES LA SOSTIENEN. SILENCIO. EL CAPA-TAZ SE APARTA. LA MADRE DE JOSÉ SE SIENTA CON LA AYUDA DE LAS MUJERES. BREVE PAUSA.

MADRE DE JOSÉ: Dios mío ¿por qué tan pronto, siendo tan pequeño?

SE LEVANTA EN SILENCIO, MIRANDO A TODAS LAS MUJERES.

Me parece estarlo viendo llegar de la escuela, corriendo a buscar el viejo pico de su padre y decir: "Voy a trabajar como mi papá, para traerle mucha plata". Me lo decía todo el tiempo, solo vivía pensando en ese momento, una y otra vez preguntaba lo mismo: "¿cuándo habrá en la mina un lugar para mí?" Ni siquiera pensaba en el estudio, solo tenía esa idea fija metida en la cabeza, hasta que un día se le cumplió… ¡No podía creerlo!, ni yo tampoco, parecíamos dos niños pegando brincos y jugando a la mina, porque con el tiempo yo también me había dejado arrastrar con su alegría. Poco a poco me había metido en su mundo, adormecida, comencé a vivir a través de sus sueños, hasta que también llegué a desearlo con todas mis fuerzas. Me llenaba la vida como un río de felicidad verlo tan alegre, ya ni siquiera pensaba en la escuela del niño, ni recordaba la miseria por la que pasaron tantas familias ni los sufrimientos de tantas mujeres...

SILENCIO.

Y ahora, el dolor sobrepasa al llanto... ¿Qué será de nosotras en esta soledad interminable, en este pueblo sin piedad?

VIENDO MUY DESPACIO A LAS MUJERES.

¿Será que la muerte es una victoria, y el dolor nuestro alimento? Estaba repleta de amor, pero ahora... ¿Qué vamos a hacer sin su alegría? Nunca más podré mirar sus ojos, solo podré recordar el fugaz momento de su niñez...

FUERA DE SÍ.

¡Como el día en que recibió la noticia! ¿Lo recuerdan? Fue cuando se enfermó José y no lo dejaron trabajar hasta que recuperara sus fuerzas, entonces a él lo recibieron por unos días mientras su padre se recuperaba. Después se quedó, el dinero nos hacía bien, yo misma estaba tan contenta...
TOMANDO TIERNAMENTE LA CABEZA DEL NIÑO.

Es que había que verlo, tenía una alegría tan grande, un orgullo tan indescriptible que era difícil de explicar. En ese momento comencé a pensar en que algo malo le podría pasar en esa mina.

CASI LEVANTÁNDOLO EN SUS BRAZOS ANTE LA ANGUSTIA DE LOS DEMÁS.

Pero luego él me abrazaba para tranquilizarme, sus ojos eran dos estrellas brillando en la oscuridad. Y así fueron pasando los días, y yo sentía con más inquietud que ya no era un niño, sino un hombre el que regresaba de la mina. Ya no jugaba como los otros de su edad, solo pensaba en el siguiente día, como si repasara en su mente todos los movimientos que debía de realizar frente a la compuerta.

LO BESA.

Lo embargaba una pasión extraña por la mina, como si ella misma lo alimentara como parte de sus entrañas. Comprendí muy tarde lo absorbente que era ese maldito lugar.

VIENDO A LAS MUJERES COMO TRATANDO DE LLEGAR A LO MÁS PROFUNDO DE SUS SENTIMIENTOS.

¿Entienden? ¿Lo entienden ahora?

UNA MUJER LLORA.

¡De qué nos sirven los rezos y los recuerdos si no hay más que una verdad cruda y dolorosa!… La mina es lo que es, ¡implacable!, su ley no perdona a nadie.

ALZANDO SU DOLOROSA VOZ.
¡Ay niño mío, es tan corta la vida para poder atraparla! Me perdí

tu muerte dejándote solo, abandonado en la oscuridad de una caverna con galope torbellino. También te perderás la mía, a causa del monstruo sin alma que se esconde tras ella, al que no le importamos las madres, porque después de parir tenemos que soportar la insaciable soledad.

SILENCIO.

Sí. Este es mi hijo. Tenía los ojos vivos como dos estrellas, pero se han caído en el abismo y yacerá para siempre en una vasija de barro…

SE DESPLOMA. REINICIAN LOS REZOS CASI EN UN SUSURRO LEJANO.

MUJERES: Padre nuestro que estás en el cielo, santificado sea tu nombre, danos hoy el pan de cada día, perdona nuestras ofensas…

SUBEN EL TONO CON FUERZA MIENTRAS LOS HOMBRES ALZAN LA MORTAJA Y SALEN EN COR-TEJO FÚNEBRE POR EL PÚBLICO MENOS EL MI-NERO QUE ESTÁ EN UNA ESQUINA. LA MADRE DE PABLO OBSERVA QUE SU ESPOSO CONVERSA CON EL CAPATAZ Y SE QUEDA ESPERÁNDOLO. LOS RE-ZOS VAN DESAPARECIENDO MIENTRAS BAJA TO-TALMENTE LA LUZ. SE ESCUCHAN DE FONDO LOS TRABAJOS EN LA MINA, GOLPES DE PICO Y MAZO SE MEZCLAN CON LA RESPIRACIÓN DE LOS MINE-ROS. LOS CARROS QUE AVANZAN POR LOS RIELES CARGANDO MATERIAL ENTRECORTAN EL REFLE-JO DE LAS SOMBRAS DE LOS HOMBRES PRODUCIDA POR LOS CANDILES. EN PANTALLA SE PROYECTA LA IMAGEN DERRUÍDA DEL PUEBLO MIENTRAS PASA EL CORTEJO FÚNEBRE, LAS GENTES AL COSTADO

DE LAS CALLES LO MIRAN Y SE INCORPORAN ANTE EL MISMO. BALDOMERO SE LEVANTA DE SU ESCRITORIO COMO SI VIERA LA IMAGEN FRENTE A SUS OJOS.

BALDOMERO: A partir de ese día no volvimos a ver al padre de José. No llegó a la vela, dando paso a los rumores tan usuales en aquellas comunas de sobrevivientes... Algunos decían: "comenzó a deambular sin rumbo y sin sentido entre los túneles de la mina...", otros: "es como un fantasma entre una caverna y otra buscando a su hijo muerto...". Algunos compañeros, confundidos por la situación, decían extrañados: "lo hemos visto desaparecer entre las sombras, hurgando en los sitios más recónditos del laberinto". Incluso, creen haber escuchado las quejas del padre llamando a su hijo, pero siempre que llegan al lugar, nunca lo encuentran, como si se lo hubiera tragado la tierra... o la muerte. Nadie se atrevió a decirlo.

TOMA DE DECISIONES

TERMINAN LOS REZOS POR EL ALMA DEL HIJO. ESTÁN LA MADRE DE JOSÉ, LA MADRE DE PABLO, LA TÍA Y ALGUNAS MUJERES. LOS ZAPATOS DE TRABAJO DEL HIJO ESTÁN LUSTRADOS Y PUESTOS AL PIE DEL ALTAR. BALDOMERO SE MANTIENE A LA EXPECTATIVA Y ESCRIBE POR INTERVALOS CUANDO LA ACCIÓN LE TRAE A LA MENTE LOS RECUERDOS DE SU VIDA EN LA COMUNA MINERA. LA MADE DE JOSÉ TOMA LOS ZAPATOS DE SU HIJO Y LOS ABRAZA.

MADRE DE JOSÉ: ¡Ay mi niño!, la muerte te ha llevado sin que vieras el amanecer de la vejez.

CAMBIA DE TONO.

Pobre hijo mío...

TÍA Y MUJERES: Que no verán más la luz del día.
MADRE DE JOSÉ: Que su inocente alma descanse en paz.
TÍA Y MUJERES: Descanse en paz.
MADRE DE JOSÉ: Que lo lloren los muertos porque mis ojos se secaron.
TÍA Y MUJERES: Para nunca más llorar.
MADRE DE JOSÉ: Que mi hijo ya se fue.
TÍA: Y no regresará.
MADRE DE JOSÉ: Nunca más se ha de parir.
TÍA: Nunca más.
MUJERES: Amén.

LAS MUJERES SE PERSIGNAN Y VAN DESPIDIÉNDOSE UNA A UNA MIENTRAS VAN SALIENDO, LA MAMÁ DE PABLO ENCIENDE ALGUNAS VELITAS EN EL ALTAR MIENTRAS LAS HERMANAS HABLAN.

TÍA: Hoy tampoco vino José.
MADRE DE JOSÉ: Dicen que sigue en la mina, buscando al niño.
TÍA: ¿Qué será lo que le pasa?
MADRE DE JOSÉ: Yo no sé ni qué pensar.
TÍA: No me parece correcto. Debió darle la última despedida al niño.
MADRE DE JOSÉ: Seguramente no lo ha podido superar.
TÍA: Era su hijo por el amor de Dios.
MADRE DE JOSÉ: Ha sido el golpe más duro que le ha tocado vivir, siempre lo quiso como si fueran sus ojos...
TÍA: Con mucha más razón no se puede justificar.
MADRE DE JOSÉ: He pensado buscarlo, decirle que no es su culpa..., tal vez si hablo con él cambien las cosas y pueda iniciar el luto.

TÍA: No lo entiendo. ¿Cómo ha podido comportarse de esa manera?

MADRE DE JOSÉ: No quiero juzgarlo. Debe de estar sufriendo más allá de la razón. Me iría a buscarlo a ese infierno, pero es imposible, ni los más experimentados han podido encontrarlo, parece que se lo tragó la tierra.

TÍA: Es cierto... Es mejor no juzgar. Yo misma he pensado algunas veces que es mejor morirse de una sola vez.

CAMBIANDO DE TONO.

MADRE DE JOSÉ: Entonces…, ¡para qué llorar si no hay razón que valga! ¿Quiénes somos en este lugar? ¿Qué somos? Nuestras esperanzas se nos han ido como nuestros hijos, y lo que hacemos es sufrir en silencio. Los días solo existen para la espera, hasta que un día la espera termina.

TÍA: ¡Qué absurdo tener que morirnos solas después de sufrir la muerte de nuestros seres queridos!

MADRE DE JOSÉ: Me voy de aquí...

TÍA: ¡Cómo!

MADRE DE JOSÉ: Sí. La mina solo ha servido para alimentar la muerte y acabar con mis esperanzas. Ya no me puede castigarme más de lo que lo ha hecho. ¿Para qué me quedaría?

TÍA: Es esta pobreza la que nos mata poco a poco..., mientras el recuerdo nos atormenta.

MADRE DE JOSÉ: No. Son estas minas. Nos absorben a todos lentamente, a los que van a ella en busca de alimento y a los que esperamos impacientes.

TÍA: ¿Qué hacer entonces? Si para los mismos patrones no hay razón que valga, y lo que se gana no alcanza, a veces pienso que es mejor morirse de una sola vez.

CAMBIANDO DE TONO.
MADRE DE JOSÉ: ¿Entonces? ¿Para que llorar?

TÍA: Porque si no lloramos, nos ahogamos en silencio como el trago más amargo, sobrecogidas en la esperanza del regreso. Tú misma lo has dicho.

MADRE DE JOSÉ: Es cierto. Pero nuestras esperanzas se han muerto como nuestros hijos... Siento un desasosiego tan grande que podría dejarme caer en el fondo del mismo túnel...

TÍA: ¿Qué? ¡Ni pensarlo siquiera! ¿Les darías ese gusto? Incluso ahora que ha muerto tu hijo...

MADRE DE JOSÉ: No. ¡Yo no! No les daré ese gusto. ¡Aunque ya no aguante más! José no regresa a casa y temo lo peor. Creo que también lo perdí entre las sombras de ese monstruo. Si me pudiera escabullir de alguna manera para decirle que lo amo pero que ya no quiero esta vida, ni quiero torturarme más, y que nos tenemos el uno al otro, y que juntos, podríamos tener una oportunidad...

TÍA: La vida nos trajo hasta aquí, tal vez debemos ser fuertes y lograr lo que nuestros hombres no han podido...

TOMÁNDOLA DE LAS MANOS.

MADRE DE JOSÉ: En otro lugar hermana mía, o tal vez en otra vida. Pero no aquí. No para mí. ¿Qué hay en este lugar para nosotras? Nada. Absolutamente nada, aunque sea muy tarde para comprenderlo... Me voy lejos de este pueblo y de su repugnante olor.

TIA: ¿Y dónde?, ¿a qué lugar fuera de este pueblo?

MADRE DE JOSÉ: No lo sé, ni me importa. Debo irme antes de que la mina acabe con mi orgullo y me arranque de la piel el calor de madre que aún me queda.

TÍA: No es justo. Lo poco que se nos da, se nos quita con creces.

MADRE DE JOSÉ: Mañana iré a la mina a buscar a José, para que lloremos a nuestro hijo por última vez. Después nos iremos lo más lejos posible de estas minas. Y si no quiere, está bien, no le reprocho nada. Si quiere morirse ahí, que descanse en paz, pero ni las malas lenguas ni la ley impedirán que me vaya de aquí, mi agotado cuerpo no yacerá en este pueblo sin memoria.

LA MADRE DE PABLO QUE SE HA MANTENIDO EN SILENCIO, NO PUEDE MÁS Y SUS PALABRAS SON COMO UN DESAHOGO.

MADRE DE PABLO: ¡Qué absurdo!… Tener que soportar la muerte de los seres queridos después de tanto sufrimiento. No es justo…

DECIDIDA Y CON VOZ FIRME.

MADRE DE JOSÉ: Sí, no es justo. Y como en ningún lado está escrito que tenemos la obligación de vivir solo para para enterrar a nuestros seres queridos, mi alma nunca será de la mina y sus secuaces.

BREVE SILENCIO.

Perdón, pero estoy exhausta, voy a descansar, mañana será un largo día. Con permiso.

SALE.

TÍA: Recuerdo que cuando se enfermó mi padre, mi mamá me envió con unos familiares… Fue cuando por primera vez se me vino a la mente la idea de abandonar este lugar, pero no pasó mucho tiempo para darme cuenta de lo estúpida que era esa idea.
MADRE DE PABLO: ¡Querer salir de aquí! Solo de eso se habla… ¿Para qué? Todavía no lo entiendo…
TÍA: Pareciera que en esta tierra no hay pueblo que no sea minero. Es como si fuera un sueño: "largos filones bajo la tierra, interminables", solía decirme mi padre mientras caminábamos

a lo largo de la costa. Decía que sin las minas no se podía comer, aunque fuera una tortura lidiar con la muerte, nos daba el sustento. Ahora creo que no hubo nadie que lo expresara con tanta claridad. Él sabía exactamente lo que se hacía día con día, lo que se sufría, pero nunca alzó la voz, ¡nada!, ni siquiera tuvo una mala palabra o un mal gesto, mucho menos para revelarse, era su forma de ser, cómo la de todos los mineros.

CON UNA EXTRAÑA SONRISA.

¡Nunca alzó su voz!, excepto para llamarnos, cuando a la distancia mi hermana y yo nos perdíamos de su vista, o nos quedábamos mirando el horizonte..., también interminable.

SE QUEDA CON LA MIRADA PERDIDA UN INSTANTE.

A veces daban ganas de que la brisa nos lanzara hacia el mar, y dejarnos llevar, flotando sobre él, hacia un cálido y apacible lugar, para recostarnos en una hamaca bajo la sombra de las palmeras, filtrándose el tenue sol de la tarde a través de ellas, permitiéndonos soñar bajo sus rayos, como una tierna caricia, cómplice y soñolienta.

LLORA CON ANGUSTIA CONTENIDA.

¡Qué lindo era el paisaje!…

MADRE DE PABLO: Es insoportable vivir solo de sueños inalcanzables. Repetimos una y otra vez "que lo poco que se nos da se nos quita con creces". Si solo pudiéramos cambiar este martirio y deshacernos de este hollín que inunda como un río el caserío, y dejar atrás este lugar para no recordarlo nunca más...

SE MIRAN POR UN MOMENTO.

Yo también lo he pensado, pero cuando hay hijos hay bocas que alimentar, y nuestros hombres se abrazan a la roca porque no conocen otra vida más que esta.

TÍA: Es cierto. Ya los cuatro mayores de Rosa están en la mina, esa mujer sufre tanto. Siempre lista a la hora de la sirena esperando el regreso de sus muchachos. Yo la he visto cuando voy por el té, siempre a la expectativa, en un sobresalto permanente… "Me voy a morir", me dijo el otro día, y sus ojos languidecieron frente a mí. Sentí la muerte invadiéndome el alma, nunca he visto una tristeza tan grande...

MADRE DE PABLO: Es el hollín que nos enferma como un maldito virus y nos contamina a todos, la tristeza de la espera es peor que la muerte misma. siempre estamos esperando que las cosas cambien, que los dueños de estas minas tengan un poco de compasión, pero en este lugar tan apartado, no hay siquiera temor de Dios

LA TÍA SE PERSIGNA.

LA TÍA: ¡Por Cristo Bendito! ¿Qué dices?

MADRE DE PABLO: Perdona. Pero es que no hay familia de aquí que no tenga un muerto que llorar. A mí también se me quiere partir el alma, yo no sé lo que haría si Pablito me faltara...

SÚBITAMENTE REACCIONA Y SE DESPIDE.

Perdón... Ya me tengo que ir. Seguramente en casa me deben de estar esperando. Que Dios te bendiga y bendiga este hogar. Con permiso.

SALE. LA TÍA QUEDA EN SILENCIO, SORPRENDIDA POR LA REPENTINA DESPEDIDA DE LA MAMÁ DE PABLO. SE QUEDA BAJO UN CENITAL EN EL CEN-

TRO DE LA ESCENA, LA MIRADA SE PIERDE POR UN INSTANTE RECORDANDO.

TÍA: ¿Cómo estará el paisaje de la costa? ¿Cómo será estar otra vez en el largo acantilado, sentir el viento moviendo nuestros vestidos en un sinfín de curvas con sueños de mujer? Era muy hermoso, seguramente todavía lo es, pero lo olvidamos con el paso de los años. Las cosas bellas se extinguen con el olor a carbón, la ternura se nos escapa con el dolor, los sonidos de la naturaleza se confunden con los de la mina, y así, languidecemos como los kilómetros y kilómetros de costa, que nadie sabe adónde terminan. Ni mi padre mismo lo sabía, "solo son historias" nos decía, cuando algún viajero nos contaba lo que había visto en otros lugares.

RIENDO.

Pero lo expresaba con una propiedad que podía convencer a cualquiera como cuando también decía: "Yo nací aquí y aquí voy a morir…" Y así fue.

A LO LEJOS SE ESCUCHA LA MELODÍA LA VASIJA DE BARRO, ENTONCES SE LEVANTA Y CAMINA HACIA EL FRENTE COMO SI ESTUVIERA MIRANDO HACIA EL HORIZONTE.

Tiene razón mi hermana, aquí no queda lazo que nos retenga, excepto alimentar con nuestros recuerdos las tumbas del cementerio, que también deberán convertirse en un recuerdo lejano, para no satisfacer con nuestra vida el sufrimiento que mansamente aceptamos.

CON FUERZA.

No seré una lápida más en este lugar. Iré a visitar la tumba de nuestro padre, y después me iré por la costa, para recordar el paisaje y saber adónde termina el horizonte.

SALE.
BALDOMERO QUE HA ESTADO ESCRIBIENDO, SE LEVANTA DE SU ESCRITORIO Y VA HACIA EL PÚBLI-CO.

PABLITO VA A LA MINA

BALDOMERO: Cuando escribí este cuento, me asaltaron miles de imágenes, miles de recuerdos: el pueblo, el mar que estaba cerca de la profunda mina, la alta galería de arrastre, de cuya techumbre caía una lluvia continua de gruesas gotas de agua. Se escuchaba en el silencio un ruido sordo y lejano. Aquel rumor era el choque de las olas en las rompientes de la costa. ¡Cómo poder imaginarse algo tan bello cuando a un corto trecho, en las inmensas profundidades, se encontraba LA COMPUERTA # 12 de la gran mina, del filón inagotable, donde tantas generaciones de esforzados mineros arañaban sin cesar las entrañas de la tierra!...

PABLITO QUE EN ESTE MOMENTO TIENE 8 AÑOS CANTA EN EL EXTREMO DERECHO DEL PROSCE-NIO LA PRIMERA PARTE DE LA CANCIÓN GRACIAS A LA VIDA. ENTRA LA MADRE DE PABLITO ALIS-TANDO LAS COSAS DE TRABAJO DE SU ESPOSO QUE APARECE SIN LEVANTAR LA VISTA, EN UNA ESQUI-NA LA MADRE DE PABLITO LLORA EN SILENCIO, DE PRONTO SE VUELVE HACIA SU MARIDO Y SE LE ACERCA.

MADRE DE PABLO: ¡Dime que no lo vas a llevar!

EL MINERO IMPOTENTE, VA HACIA UN EXTREMO,

ELLA LO SIGUE.

¡Dime que no, por lo que más quieras!
MINERO: No puedo... No podemos...
MADRE DE PABLO: ¿Y la escuela?, ¿qué vamos a decir?
MINERO: Nada mujer, nada... no me atormentes más...
MADRE DE PABLO: ¡Tiene tantas ilusiones!
MINERO: Tiene que ir, ya no puede haber marcha atrás...
MADRE DE PABLO: ¡Pero es muy joven aún!
MINERO: ¡Y un hombre también!

SILENCIO.

Muchos otros como él, han trabajado en la mina, todas las familias que han vivido en este pueblo, mi padre, el tuyo, y el de casi todos por aquí...

FUERTE.

MADRE DE PABLO: ¡Y han muerto también!
MINERO: No lo digas...
MADRE DE PABLO: ¿Por qué no?
MINERO: Sabes bien que eso no se dice. ¿Por qué lo haces?
MADRE DE PABLO: Porque son 14 horas mortales.

SILENCIO, SE MIRAN POR UN MOMENTO, ÉL BAJA LA CABEZA, ELLA VA HACIA ÉL.

Es como si la muerte lo tuviera entre sus manos, enterrado vivo, entre la hulla de esa maldita mina. ¡Maldito carbón de hulla que nos quita la esperanza de nuestras vidas! ¡Que nos quita a nuestros hijos!
MINERO: ¡Ya mujer por el amor de Dios!
MADRE DE PABLO: ¡Entonces di que no, por lo que más quieras!, ¡es mi hijo!

MINERO: ¡Y el mío también! Pero tienes que comprender que es la oportunidad para que ingrese a la mina.

MADRE DE PABLO: Gracias a la muerte del hijo de José.

MINERO: No hables así...

MADRE DE PABLO: ¿Y a la de quién entonces? ¿Es que no se puede mencionar?

MINERO: No, no se puede.

MADRE DE PABLO: Porque lo acabamos de enterrar... ¿Es que no se puede esperar por respeto a ellos?

MINERO: Ya le hablé al capataz. Tienes que entender que hay muchos otros como él esperando turno, debo llevarlo hoy, mañana será tarde.

MADRE DE PABLO: La muerte trae muerte y desesperanza...

MINERO: No menciones esa palabra.

MADRE DE PABLO: ¡Cómo quisiera arrebatárselo a ese monstruo insaciable!, que arranca de nuestro regazo a los hijos apenas crecidos, para convertirlos en parias, respirando ese aire emponzoñado.

MINERO: Hay que resignarse.

MADRE DE PABLO: Yo no quiero ver a mi niño como tantos otros, creciendo raquítico, débil y paliducho. ¡No quiero!

MINERO: Es que para eso han nacido.

MADRE DE PABLO: Pero la mina no suelta a nadie, una vez que entre allí sé que nunca volverá a ser igual, es tan débil y pequeño...

MINERO: ¡Basta por favor! Ya no hables más. No habrá otra oportunidad...

MADRE DE PABLO: En la mina no tendrá un solo momento de paz, pronto la lucha sin tregua en las galerías y las grietas que se abren sin cesar, lo convertirán en un viejo decrépito...

MINERO: Sabías que en algún momento tenía que suceder, y ese día llegó hoy.

MADRE DE PABLO: Pero ese trabajo, esa mina...

MINERO: Hay que mantener a la familia y mis fuerzas no dan para más, ¡no ves que en la mina siento las miradas de todos!

¡Saben que desde hace un tiempo me cuesta cumplir con la tarea! Con cada día que pasa se me encorva más la espalda y se me aflojan los músculos. Solo esperan que me convierta en un trasto inútil, en el obrero viejo que no puede con la veta y otro tomará mi lugar.

MADRE DE PABLO: Pero... Todavía no eres un viejo.

MINERO: ¿Es que no te das cuenta mujer? Ya no soy el mismo de antes. ¡Mírame bien! ¿Cuántos años tengo? Mis ganas de vivir se han ido muriendo sin poderte dar lo que mereces.

MADRE DE PABLO: Tampoco te he pedido más. Pero el niño en la mina solo servirá para acrecentar mi dolor.

MINERO: Sin esa mina, pronto estaremos hambrientos y desnudos, es una quimera pensar que sin ella podemos lograrlo. Solos no podemos, y el niño debe ayudar.

MADRE DE PABLO: ¿Por qué hablas así? No te reconozco.

CASI LLORANDO.

MINERO: ¡Es que ya no soy el mismo!

MADRE DE PABLO: ¡No digas eso!

MINERO: ¡No ves que me he convertido en un viejo empezando a vivir! No sé hacer otra cosa más que sacarle con el pico a la veta nuestro pan, pedazo a pedazo, pero cada día el pico no se hunde, y mis brazos desfallecen...

CAE, LLORA.

¡Perdóname!

MADRE DE PABLO: No tengo nada que perdonarte, siempre has sido un buen hombre...

MINERO: ¡Ayúdame entonces!

ELLA LO ABRAZA FUERTEMENTE, LO BESA, DESPUÉS DE UN INSTANTE, LLAMA.

MADRE DE PABLO: ¡Pablo!

PABLITO SE ACERCA, EL MINERO NO LO MIRA.

¡Acompaña a tu padre! ¡Sé hombre y haz lo que te diga para que estemos orgullosos de ti!

LO ABRAZA Y BESA EN LA FRENTE.

¡Váyanse ya, que se hace tarde!

EL MINERO LO TOMA DE LA MANO Y SALEN. LA MADRE DE PABLO QUEDA EN EL CENTRO DE LA ESCENA, SE DIRIGE AL PÚBLICO COMO SI TRATARA DE JUSTIFICARSE, BALDOMERO SE LEVANTA DE SU ESCRITORIO.

MADRE DE PABLO: Los hijos tienen que suceder a los padres, es una cadena sin fin, y no se puede interrumpir.
BALDOMERO: Pero después de esa inmensa labor solo queda un cuerpo exhausto que muy pronto arrojarán de la mina como un estorbo...
MADRE DE PABLO: ¡Una vida acabada antes de empezar!

PADRE E HIJO EN LA MINA SUBEN A UNA RAMPA, UNA LUZ TENUE LOS ALUMBRA Y SE ESCUCHA EL RUIDO DEL ASCENSOR BAJANDO. AIRÓN Y MORS AL ACECHO, COMO SI UNA NUEVA PRESA HUBIERA LLEGADO.

BALDOMERO: Pablo se aferró instintivamente a las piernas de su padre, le zumbaban los oídos.
MADRE DE PABLO: ¡Yo no quiero los despojos de su cuerpo! ¡No los quiero!

AIRÓN: El niño tiene una extraña sensación de angustia.
MORS: Es la rampa. No está acostumbrado a la bajada.
AIRÓN: Quedará atrapado como los otros.
MORS: Ya se acostumbrará.
AIRÓN: ¡Pablo!

EXTRAÑADO. ·

PABLITO: ¿Qué…?
MINERO: Shhh….
AIRÓN: ¿Viste? Sus ojos lo dicen todo.
MORS: Recorren curiosamente las entrañas de la mina…
AIRÓN: Es muy joven aún...
MORS: Pero con el tiempo irá languideciendo...
AIRÓN: ¿Vas a molestarme con eso otra vez?
MORS: Es el ciclo imperturbable que se mueve entre las aristas de la roca.
AIRÓN: ¡No insistas!
MORS: Debe aprenderlo como los otros.
AIRÓN: Con el paso de los días volverá a nacer como hombre en esta cripta de carbón.
MORS: ¡Un hombre! ¡Qué importa eso! Un minero más para alimentar las galerías y aprender a morir cuando comience a extinguirse su energía para dar paso a otro más fuerte y joven que él... ¡Eso es lo que importa!
AIRÓN: ¿Y qué? Ya lo sabemos. ¿Cuál es el problema? Nunca podrán vencernos.
MORS: Precisamente.

SE MIRAN. RÍEN SUAVE Y EXTRAÑAMENTE.

AIRÓN: Ya tendremos tiempo para observar de qué material está hecho este niño
MORS: Su padre tiene la obligación de mantenerlo con vida.
AIRÓN: No será fácil, se ve débil y distraído...

MORS: Habrá que mantenerlo despierto, que no muera su ansiedad...
AIRÓN: ¡Qué sabrosa sensación de vida!

EL RUIDO DE ASCENSOR SE DETIENE. EL MINERO Y PABLITO SALEN DE ÉL.
LA MADRE DE PABLO SIGUE IMAGINANDO A SU HIJO EN LA MINA, SOBRECOGIDA Y ANGUSTIADA. MIENTRAS HABLAN, LA SITUACIÓN VA EN CRESCENDO.

BALDOMERO: Juntos se internaron en el negro túnel.
MADRE DE PABLO: Con el llanto contenido...
BALDOMERO: ¡Cuánto dolor iba creciendo en el viejo...!
MADRE DE PABLO: Y mi Pablo tan joven...
BALDOMERO: Las aristas de la roca inmutables...
MADRE DE PABLO: Aguardando a mi criatura...
BALDOMERO: ¡Cuánta soledad de hombres taciturnos...!
MADRE DE PABLO: Y mi niño, todavía tan débil y pequeño...
BALDOMERO: ¡Cuánta veta acribillada por tantos hombres en mil partes diariamente!
MADRE DE PABLO: Mi Pablo como uno más...
BALDOMERO: El viejo, desmoronándose pedazo a pedazo como la gruta...
MADRE DE PABLO: Mi Pablo camina por el túnel...
BALDOMERO: Golpe tras golpe...
MADRE DE PABLO: El silencio...
BALDOMERO: A 40 metros del piquete se detuvieron...
MADDRE DE PABLO: Mi Pablo se muere...
BALDOMERO: Al fondo, un hombre de negro.
MADRE DE PABLO: ¡Solo deseo ocupar su lugar...!

LA MADRE DE PABLO SALE CORRIENDO.
POR UN EXTREMO APARECE EL CAPATAZ CON JUAN. AL MIRAR AL MINERO, MANDA A JUAN POR

UN LIBRO.

AIRÓN: ¡Pablo!
PABLO: ¿Que...?

PABLO SE MUEVE ABSORTO, ATRAÍDO POR LAS SOMBRAS QUE PRODUCEN LAS LUCES DE LAS LÁMPARAS QUE PARECEN EXTINGUIRSE.

MINERO: ¡Pablo! ¡No te apartes! No hay que desconcentrarse.

PABLO REGRESA.

Tienes que estar atento... y poner mucha atención a lo que se te diga...

EL MINERO AVANZA HACIA EL CAPATAZ, DEJANDO A PABLO CERCA DE LA ENTRADA.

MINERO: Señor, aquí le traigo el chico.

EL CAPATAZ CAMINA HACIA EL MUCHACHO, REVISÁNDOLO DETALLADAMENTE.

BALDOMERO: Los ojos penetrantes del capataz abarcaron de una ojeada al muchacho, sus delgados miembros y sus ojos abiertos lo impresionaron. Su corazón, endurecido por el espectáculo diario de tantas miserias, experimentó de pronto una piadosa sacudida frente aquel pequeño, condenado a languidecer miserablemente en las húmedas galerías...
CAPATAZ: ¿Es hijo tuyo?
MINERO: ¡Sí señor!
CAPATAZ: ¡Hombre, este muchacho está todavía muy débil para el trabajo!
JUAN LE TRAE LA BITÁCORA DIARIA Y SE APARTAN.

EL MINERO SE ACERCA UN POCO A ELLOS PREOCU-
PADO. EL CAPATAZ HABLA CON JUAN, REVISAN EL
LIBRO DETENIDAMENTE Y OBSERVAN AL MINERO
QUE DE VEZ EN CUANDO TOSE.

PABLITO: ¡Qué frío hace aquí!, parece una tumba…
MINERO: Shhhh...

PABLITO VUELVE A VER LA CARA SUMISA DE SU PA-
DRE Y LUEGO A LOS HOMBRES... JUAN SE VA Y EL
CAPATAZ SE ACERCA AL MINERO CON EL LIBRO EN
LA MANO.

PABLITO: Ahí viene...
MINERO: Shhhh...
CAPATAZ: Escucha...

EL MINERO NERVIOSO, COMIENZA A TOSER.

MINERO: Sí señor...
CAPATAZ: No es que quiera rechazarlo, ayer te dije que lo
trajeras, y no es tu culpa, pero deberías de tener lástima de sus
pocos años y enviarlo a la escuela por un tiempo, antes de en-
terrarlo aquí.
MINERO: Señor, somos seis en casa y solo uno el que trabaja.

EL CAPATAZ SE DIRIGE A PABLO.

CAPATAZ: ¿Cómo te llamas?
PABLITO: Pablo.
CAPATAZ: Ya veo...

EL CAPATAZ SE APARTA, PENSATIVO, ALGO LE IN-
COMODA. PABLO VUELVE A VER A SU PADRE EX-
TRAÑADO.

PABLITO: ¿Para qué me pregunta cómo me llamo?
MINERO: Shhhh...

EL CAPATAZ SE VUELVE HACIA EL MINERO, DECI-
DIDO.

CAPATAZ: No, definitivamente no es buena idea.
MINERO: Pero señor...
CAPATAZ: No creo que esté listo para el trabajo…
MINERO: Se lo ruego señor, no tenemos otra opción más que
usted lo reciba.
CAPATAZ: ¿Es que todavía no te das cuenta lo que estás pi-
diendo?

EL MINERO TRATA DE APARTARSE, PARA NO SER
OÍDO POR PABLITO.

MINERO: Es hijo de minero señor. Y como hijo de minero, su
oficio será el de sus mayores que no tuvieron otra escuela que
la mina...

LE DA UN ACCESO DE TOS.

CAPATAZ: No sé. Estoy seguro de que un día de estos te vas a
arrepentir y entonces, será demasiado tarde.

LE DA LA ESPALDA, EL MINERO VUELVE A VER A
PABLITO QUE ESTÁ ABSORTO, ATRAÍDO POR EL LU-
GAR.

MINERO: Señor… Pablo ya tiene edad para ganarse el pan que
se come...
CAPATAZ: Espera.
MINERO: Sé que tal vez le parezca débil, pero él es fuerte…

CAPATAZ: ¡Basta! ¿Es que no puedes esperar un momento?
MINERO: Perdón...
CAPATAZ: Escucha bien: otros más fuertes que él han muerto en el intento, y no quiero que se muera otro.
MINERO: Sí señor...
CAPATAZ: ¿Entonces?
MINERO: Ya lo hemos decidido y no puede haber marcha atrás.

EL CAPATAZ LO MIRA POR UN INSTANTE.

BALDOMERO: La voz opaca y temblorosa del minero se extinguió repentinamente en un acceso de tos, pero sus ojos húmedos imploraban con tal insistencia que el capataz llevó a sus labios un silbato y arrancó de él un sonido agudo que repercutió en la desierta galería.
CAPATAZ: Bueno, si no vas a cambiar de opinión, no hay tiempo que perder.
MINERO: Gracias señor...
CAPATAZ: Está decidido entonces. Debes firmar el libro de ingreso y aceptar la responsabilidad por lo que pueda suceder.

APARECE JUAN.

CAPATAZ: Juan, lleva a este niño a la compuerta número 12.
JUAN: ¿Señor?...
CAPATAZ: Va a reemplazar al hijo de José el carretillero.

JUAN SE QUEDA MIRANDO AL MUCHACHO, INCRÉDULO.

JUAN: Pero señor, es que...
CAPATAZ: Es que qué... ¡No escuchaste!
JUAN: Disculpe señor.

AL MINERO.

¡Vamos!

MINERO: Se lo agradezco señor...
CAPATAZ: No me agradezcas nada, porque dentro de unos días te vas a arrepentir. Escucha: he visto que en la última semana no has alcanzado los cinco cajones que es el mínimum diario.
MINERO: Es que no me he sentido muy bien señor... Le prometo que...
CAPATAZ: ¡No prometas nada! Lo único que tienes que hacer es recordar que, si no cumples con la tarea, será preciso darte de baja para que otro más activo ocupe tu lugar. ¿Está claro?

DÉBILMENTE.

MINERO: Sí señor.

FUERTE.

CAPATAZ: ¿Está claro?
MINERO: ¡Sí señor!

LOS HOMBRES Y EL NIÑO SALEN.

CAPATAZ: ¡Otro más! Es una verdadera pena…

VIÉNDOLOS SALIR.

Ya no tengo idea cuántos niños hay aquí…

LLEVÁNDOSE EL SILBATO REPENTINAMENTE A LA BOCA, JUAN REGRESA, EL MINERO Y EL NIÑO SE QUEDAN ESPERANDO EL REGRESO DE JUAN, SU SILUETA SE VE EN EL CICLORAMA.

¡Juan!

REGRESA EXRAÑADO POR LA INESPERADA LLAMA-
DA.

JUAN: ¿Si señor…?
CAPATAZ: Escucha bien: No regreses hasta que a ese muchacho le quede claro el manejo de la compuerta. Si no, te lo traes
inmediatamente... No quiero tener un problema más en ese
maldito lugar.
JUAN: Pero señor…
CAPATAZ: Pero señor qué, habla de una vez.

INSEGURO.

JUAN: Es que, para serle franco, yo no creo que ese niño vaya a
poder con el peso de la compuerta. Recuerde que el hijo de José
parecía más fuerte que este…
CAPATAZ: ¡Entonces lo traes de vuelta inmediatamente!
JUAN: ¡Sí señor!

SALE. EL CAPATAZ SE QUEDA VIÉNDOLOS CAMI-
NAR A TRAVÉS DEL CICLORAMA.
SE ESCUCHAN LAS VOCES.

PABLITO: ¿Hacia dónde vamos?
MINERO: A trabajar. Cuidado, no debes salirte de los rieles.
PABLITO: No me sueltes, está muy oscuro.
MINERO: No te preocupes, dentro de poco te acostumbra-
rás…
PABLITO: No quiero…
MINERO: Shhhh… Hagamos silencio, ya vamos a llegar.

LOS HOMBRES Y EL NIÑO DESAPARECEN.

CAPATAZ: Al menos lo intenté, traté de que recapacitara.

AL PÚBLICO.

Pero así son estos mineros, cuando algo se les mete en la cabeza no hay manera posible de hacerlos cambiar de idea…

QUEDA PENSATIVO POR UN MOMENTO.

Mi padre era igual… Solo lo tenía a él y él a mí, y ahora ese muchacho debe de sentirse como yo cuando mi padre me trajo por primera vez, lo recuerdo muy bien… Cuando murió, me quedé en esta lóbrega madriguera, húmeda y estrecha, viendo cómo se les va encorvando la espalda a los jóvenes más fuertes y briosos… ¡Qué absurdo!

PAUSA.

Me quedé solo, sin más compañía que mis recuerdos… No quise casarme, tampoco tener un hijo después de eso, prefiero ser un yermo seco que traer un hijo a esta vida. ¡Ah, desgracia la del hombre en estas minas! Hasta el vestido negro que llevamos puesto nos hace resaltar la palidez del rostro que vamos adquiriendo con los años. Como a ese pobre minero, que le está llegando el turno… Cada vez se hace más visible su enfermedad para los otros barreteros, solo están a la espera de ocupar su lugar …

CAMBIANDO DE ACTITUD.

Debí rechazar a su hijo.

SE SIENTA.

¿A quién engaño si ya estoy viejo para mentir? De nada hubiera valido rechazarlo, si no lo hubiera aceptado hoy, este hombre lo hubiera traído mañana o pasado mañana, y así sucesivamente hasta que pudiera ingresar. Su necesidad es mayor que su dolor.

CAMINA HACIA UN LADO, REVISA EL LIBRO Y ANOTA.

De igual manera siempre lo hubiera recibido. Me he vuelto frágil, quisiera renunciar y salir de esta mina para conocer un poco más allá de estas montañas, pero no tengo las fuerzas para hacerlo. Si pudiera llegar a la costa y ver la inmensidad del mar, sería suficiente para no volver aquí. Pero creo que ya me acostumbré al hollín, a su olor, a la soledad y a las cavernas oscuras porque han sido mi única vida...

PENSATIVO, CASI TRISTEMENTE.

Por supuesto que me estoy ablandando, sentí compasión por ese muchacho desde que lo vi. Esto no va a ser bueno para él, donde hay tanto riesgo y miseria. Pobre muchacho. ¿Cómo dijo que se llamaba? Pablo... Sí, así fue como dijo... Pablo, suena bien. Es fuerte y claro. Como tener un hijo...

CAMBIANDO REPENTINAMENTE PARA NO DECAER.

¡Pero el trabajo manda, qué carajo! Y ya no hay tiempo para lamentaciones. ¡Vamos, a trabajar todos! ¡Hay que cumplir con la tarea!

TOMA UN MAZO Y SE DESAHOGA DÁNDOLE A UN YUNQUE.

¡Hay que darle duro a la roca! Que no los venza el cansancio, es solo una mina de carbón.

GOLPE.

¡Vamos! ¡Con furia!

OTRO GOLPE. Y ASÍ SUCESIVAMENTE.

Uno, dos… Uno, dos… Hay que arañarle las entrañas sin cesar… Uno, dos, una y otra vez.

SIGUE GOLPEANDO MIENTRAS CRECE EL MOVIMIENTO DE LA MINA, DÁNDOLE FUERZA Y VITALIDAD A MORS Y AIRÓN, QUE DANZAN COMO ALIMENTADOS POR EL ESFUERZO Y EL RUIDO DE LOS MAZOS QUE PRODUCE EL TRABAJO INCESANTE DEL CAPATAZ Y LOS MINEROS, QUE SE HAN INTEGRADO A SU ORDEN E INICIAN UNA ESPECIE DE LUCHA FURIOSA MIENTRAS INTERCAMBIAN TEXTOS.

"La veta entera acribillada."
"No la detiene ni el hambre ni el látigo."
"Vibra con la mina ferozmente."
"Al golpe del mazo."
"Mil hombres en mil partes diariamente."
"Minuto a minuto sin descanso."
"Con el diente cuadrangular del pico."
"Deshace pedazo a pedazo."
"La negra roca y sus demonios."
"Como la arenisca de la ribera."
"A los embates del inmenso mar."

MORS GRITA DESDE LO ALTO.

MORS: ¡Airón, lo sientes!
AIRÓN: Atacan con furia las aristas de la roca…

MORS: ¡Uno tras otro! ¡Golpe tras golpe!
AIRÓN: Contra el filón inagotable.
MORS: Buscando la muerte.
AIRÓN: Hasta que solo quede el silencio.

APAGÓN, QUEDA CONTRALUZ DE CICLORAMA POR
DONDE VAN PASANDO LOS HOMBRES Y PABLITO.
SE VE UNA SOMBRA DE NIÑO EN UNA ESQUINA A
LA PAR DE UNA COLUMNA.
LOS HOMBRES CONTINÚAN, PERO PABLITO SE QUE-
DA MIRANDO AL NIÑO.

VOZ DE MINERO: ¡Pablo! ¡Vamos! No tienes que detenerte.

PABLITO SALE CORRIENDO.
DE PRONTO LLEGAN A UNA GALERÍA DE ARRAS-
TRE.

JUAN: ¡Aquí es!

TODOS MIRAN POR UN MOMENTO LA ESCENA. SE
VE UNA COMPUERTA.

BALDOMERO: Al fondo de la galería se podía ver una ancha
hoja de tablas que giraba sujeta a un marco de madera incrus-
tado en la pared. Las tinieblas eran tan espesas que las luces de
las lámparas, sujetas en lo alto de la galería apenas dejaban ver
aquel obstáculo con el número 12 pintado de rojo.

JUAN CAMINA BUSCANDO ALGO ALREDEDOR DE
LA COMPUERTA, SE VE MOLESTO, DE PRONTO DE-
CIDE HABLARLE AL NIÑO.

JUAN: ¡Pablo! Ven acá. Agáchate ahí y busca unos guantes y un
candil… ¿Ves algo?

PABLITO: No señor…
JUAN: ¿Tienes frío?

MÁS SEGURO POR LA CONFIANZA CON QUE EL HOMBRE LE HABLA.

PABLITO: Un poco…
JUAN: No debes preocuparte por eso, al principio es así, pero si no le das importancia, pronto se te pasará.

AL MINERO.

¡Vamos!

PABLITO SE LES UNE.

¡Tú no Pablo! Debes esperarnos aquí.

PABLITO VUELVE A VER A SU PADRE SIN COMPREN-DER.

MINERO: De ese lado es peligroso, vamos a buscarte una lámpara y unos guantes…

INSEGURO POR LA ACTITUD DE PABLITO.

Y te buscaré algo para el frío, mientras te acostumbras.

PABLITO: Yo quiero ir…

CON FIRMEZA.

MINERO: ¡No! Espera aquí Pablo…
PABLITO: ¿Pero por qué?
MINERO: Porque no.

CAMBIANDO DE ACTITUD.

Ahí está muy oscuro, y no es conveniente que nos acompañes, en este lugar las cavernas tienen muchas aristas en las paredes y puedes hacerte daño. Solo debes esperar un momento, nada más…
JUAN: ¡Vamos hombre, que se nos hace tarde!

INCÓMODO, CASI MOLESTO.

MINERO: Sí, sí, ya voy. ¿Escuchaste? No tienes por qué preocuparte, pronto estaremos de vuelta.

EL MINERO SALE DETRÁS DE JUAN. PABLO COMO NARRADOR SE DIRIGE AL PÚBLICO.

PABLO: Por primera vez desde que tenía memoria, no le creí a mi padre, y en ese momento solo se me vino a la mente aquel bulto en el camino, pegado a la pared… Un niño como lo era yo en aquel momento.

PABLITO MIRA A UN LADO, LUEGO HACIA ARRIBA, DE PRONTO SE QUEDA MIRANDO FIJAMENTE HACIA EL HOYO NEGRO DE LAS BUTACAS.

Pobrecito, qué frío debe tener ese niño metido en ese hueco. Cuando se detuvo el hombre que nos guiaba lo vi, me asusté tanto, sus ojos se me quedaron metidos en la cabeza. Sentí que las piernas no eran mías y no pude caminar más. Ese niño en aquel hueco oscuro, tal vez solamente un poco mayor que yo y con la cara herida…

LLAMA SUAVEMENTE.

Padre…

SILENCIO.

Papá…

NO HAY RESPUESTA, PABLITO AGITADO VUELVE A LLAMAR.

¡Señor! ¿Están ahí?

VA HACIA UN LADO. TROPIEZA CON ALGO. PABLO REACCIONA.

PABLO: De pronto comprendí por qué estaba tan quieto aquel niño, el peligro de moverse en aquella oscuridad hacía que uno se tropezara en cualquier momento.

PABLITO SE COMIENZA A ACURRUCAR, NERVIOSO.

PABLITO: Papá, papito…

PABLO: Recuerdo que esperé con ansias que me contestaran, pero no hubo respuesta… ¿Por qué duran tanto? Era la pregunta que me atormentaba.

ESPERA QUE LE CONTESTEN, PERO NO HAY RES-PUESTA, HABLA PARA SÍ.

¿Por qué duran tanto?

PAUSA.

Cuando llegue a la casa le voy a contar a mi mamá lo de ese niño. Parecía como si fuera parte de la pared, yo lo miré cuando nos detuvimos, pero él a mí no, porque miraba fijamente hacia lo alto de la mina.

SE LE NOTA MÁS NERVIOSO. MIRA HACIA ARRIBA, Y SE QUEDA TOTALMENTE ABSORTO Y QUIETO. PABLO SE DIRIGE AL PÚBLICO.

PABLO: Me acurruqué igual que aquel niño. Sus ojos mirando hacia arriba lo decían todo. Debía de tener tanto miedo como yo.

PAUSA. PABLITO MIRA HACIA DONDE SALIÓ SU PADRE.

Papito…

LLORA.

¿Qué estará haciendo mi mamá? Seguro los bollitos de pan… ¡Qué rico!, el olorcito que sale del horno debe de estar recorriendo la cocina…

COMO SOÑANDO.

Aunque solo es un pedacito para cada uno, con solo el olor que sale por la puertilla del horno es suficiente para que uno se sienta bien…

SE SOBRESALTA.

¡Ya no quiero estar aquí! ¡Quiero irme para la casa! Quiero estar con mi mamá…

MIRA HACIA ATRÁS, HACIA TODOS LADOS.

¿Por qué no vienen? ¿Por qué duran tanto si era solo un momento? ¡Quiero que venga mi padre, que me lleve de aquí!

SE ESCUCHAN UNOS PASOS.

Ya vienen…

SE VEN LAS SOMBRAS DE LOS HOMBRES A TRAVÉS DEL CICLORAMA, POR LOS MOVIMIENTOS DE SUS MANOS SE VE QUE CONVERSAN DE ALGO.

¿Por qué no vienen de una vez por todas?

APARECEN LOS HOMBRES, TRAEN UNA LÁMPARA, UN PONCHO Y UNA CUERDA, AL VER LA LUZ, PABLITO CORRE Y ABRAZA FUERTEMENTE A SU PADRE.

¡Papá!

MINERO: Pablo, tenemos que hablar...

EL VIEJO TRATA DE APARTARLO SUAVEMENTE PARA HABLARLE, PERO NO PUEDE CON EL ABRAZO DE SU HIJO.

MINERO: Tranquilo Pablo, todo va a estar bien.
JUAN: Escucha, tu padre y yo tenemos que explicarte algunas cosas y debes de poner mucha atención a lo que se te diga.
PABLITO: ¿Por qué?, ¿qué pasa?

EL MINERO LE PONE LOS GUANTES A PABLITO MIENTRAS JUAN ALISTA LA COMPUERTA.

¿Qué pasa?

JUAN: No pasa nada, solo debes de escuchar atentamente. Ven acá.

LO ACERCAN A LA COMPUERTA, EL MINERO ACER-
CA LA LUZ.

MINERO: Pon atención, esto es lo que tienes que hacer.
LOS HOMBRES Y PABLITO INICIAN LA ENSEÑANZA
DE LA COMPUERTA, COMO SE ABRE Y SE CIERRA,
REPITEN LA ACCIÓN UNA Y OTRA VEZ.

BALDOMERO: Pablo pudo con aquella compuerta, la abrió y
la cerró repetidas veces, desvaneciendo la incertidumbre de los
hombres que temían que sus fuerzas no fueran suficientes para
ese trabajo.
MINERO: ¡Muy bien! Ahora, solo debes estar atento para mo-
ver la compuerta cuando escuches la corrida, y quedarte junto
a ella, pegado a la pared, o el caballo te atropellará con el tren
cargado de material y te pasará por encima... ¿Verdad que lo
comprendes?

EL NIÑO ASIENTE CON INSEGURIDAD.

Claro, claro que lo comprendes… Ya no eres un chiquillo como
los que están allá arriba, que lloran por nada y están siempre co-
gidos de las faldas de las mamás... Ahora vas a ser un hombre...

EL NIÑO NO ENTIENDE POR QUÉ SU PADRE LE
DICE ESO, VUELVE A VER AL OTRO HOMBRE COMO
PIDIENDO AYUDA.

JUAN: Escucha, tienes que entender que debes quedarte aquí
porque nosotros tenemos trabajo que hacer...

MUEVE LA CABEZA, NEGATIVAMENTE, MÁS RÁPI-
DO CADA VEZ.

PABLITO: ¡No, no quiero!

EL MINERO LO DETIENE Y LO ABRAZA.

MINERO: No debes tener miedo, en la mina hay muchísimos otros de tu edad haciendo el mismo trabajo. Yo estaré cerca y vendré a verte de vez en cuando, y una vez terminada la faena, regresaremos juntos a casa...
JUAN: ¡Vamos!, que se hace tarde.

EL MINERO SE LEVANTA Y CON ACTRITUD SUPLI-CANTE MIRA A JUAN. PABLITO SE AGARRA DE SU PADRE.

MINERO: Ya voy, solo dame un momento.

JUAN VACILA, NO SABE QUÉ HACER ANTE LA INCÓ-MODA SITUACIÓN, VA HACIA EL HOMBRE, LE PONE LA MANO EN EL HOMBRO SOLIDARIAMENTE Y SALE.

JUAN: Que sea pronto.
PABLITO: ¡Vamos, ya no quiero estar aquí!

DETENIÉNDOLO.

MINERO: No se puede...

PABLITO: ¿Pero por qué?

ALZANDO LA VOZ.

Porque no se puede, debes quedarte aquí.

TOMÁNDOLE LA CARA

Escucha a tu padre, porque ya eres un hombre, un valiente...
Nada menos que un obrero, un camarada.

EL NIÑO NO ENTIENDE.
Ahora eres igual a mí. Te tratarán como a mí...

PABLITO MUEVE NEGATIVAMENTE LA CABEZA, EL
MINERO DESESPERADO.

¡O lo entiendes o te mueres!

LO BATE FUERTEMENTE.

¡Pablo! ¿Verdad que me entiendes?

PABLITO TOMA DE LA MANO A SU PADRE Y HACE A
CORRER.

PABLITO: Sí, vamos padre, vamos...

GRITANDO.

MINERO: ¡Nooo!

MUY CONTRARIADO DA UNOS PASOS.

¡No se puede!

SE SUELTA UNA CUERDA QUE LLEVA EN LA CINTU-
RA POR SI ACASO SUCEDÍA ESTA SITUACIÓN.

Tienes que comprender que no se puede. Debes quedarte aquí
y ser valiente, debes ganarte el pan... Luego vendré a buscarte.

AMARRA A PABLITO AL EXTREMO DEL POSTE QUE

SOSTIENE LA COMPUERTA.

PABLITO: ¿Padre qué hace?
MINERO: Mañana será otro día y todo será diferente.
EL MINERO VVA A SALIR.

PABLITO: Padre... No me dejes.

GRITANDO.

¡Padre!

MÁS FUERTE.

¡Padre...!

ANTE LAS SÚPLICAS DE PABLITO, EL VIEJO CORRE DESESPERADO DE UN LADO A OTRO, LA ANGUSTIA LO MATA.

BALDOMERO: Las voces de Pablo se hundieron en el viejo como el pico con que golpeaba la roca, su dolor se convirtió en furiosa ira, atacando el filón y desmoronando la roca, pedazo a pedazo... Hasta que un silencio se apoderó del tiempo, y de la mima, y se escuchó en lo más profundo de la tierra solamente una voz...
PABLITO: ¡Madre!... ¡Madre!...

EL MINERO CAE DE RODILLAS Y LANZA UN DESGA-RRADOR LAMENTO.

MINERO: ¡Ahhhhhhhh!

SE DA UN APAGÓN. SE COMIENZA A ESCUCHAR LA CANCIÓN: LA BASIJA DE BARRO CANTADA POR TO-

DOS LOS HOMBRES QUE HAN ENTRADO EN OSCU-
RO A LA ESCENA.

LAS MUJERES SE VAN INCORPORANDO A LA CAN-
CIÓN MIENTRAS SUBE TENUEMENTE UNA LUZ
AZUL HASTA QUE AL TERMINAR DE CANTAR SE DA
EL APAGÓN FINAL.

* * *

Editorial Eva se desvive por su comunidad lectora, por lo que estaremos a la espera de tus comentarios, sugerencias, entre otros.

email: editorialevapap@gmail.com

Las Hermanas Argueta
(L.H.A.)